BOB MARLEY

JIM McCARTHY & BENITO GALLEGO

© 2017 Music Sales Limited t/a Omnibus Press:
14–15 Berners Street
London, W1T 3LJ
Primera edición publicada por Omnibus Press en 2017
Esta edición ha sido traducida y publicada bajo acuerdo y consentimiento de Omnibus Press a través de Robert Lecker Agency.
www.omnibuspress.com

Autor: Jim McCarthy
Diseño de cubierta: Benito Gallego
Ilustraciones interiores de Benito Gallego

© 2018, Redbook Ediciones, s. l., Barcelona
Diseño de cubierta: Regina Richling
Traducción: Laura Roso
Maquetación: Grafime

ISBN: 978-84-948799-6-8
Depósito legal: B-23.867-2018
Impreso por Sagrafic, Pasaje Carsi 6, 08025 Barcelona
Impreso en España - *Printed in Spain*

BOB MARLEY

JIM McCARTHY & BENITO GALLEGO

Traducción de Laura Roso

Redbook
ediciones

INTRODUCCIÓN

Si estuviera vivo hoy día, Bob Marley tendría más de setenta años y aún estaría dándolo todo, ya que era contemporáneo de Bob Dylan y los Rolling Stones, que aún van de gira asiduamente. Sería venerado seguramente, pero es que no se puede escribir tal cuerpo de canciones como él hizo y no ser aclamado como uno de los grandes de todos los tiempos.

Me gusta imaginarlo como un señor mayor, hecho con el mismo molde que Johnny Cash y Willie Nelson —antiguos guerreros que lo han hecho y visto todo y aún así nunca han dejado de creer en el poder de la música para transformar nuestras vidas. Marley habría sido una figura pícara después de que lo acompañaran tantas preciosas mujeres y de que lo pillaran por la hierba —el revolucionario fervor de los setenta probablemente se habría transformado en excentricidades amantes de la libertad. También estoy seguro que la magia aún estaría ahí cuando actuara, igual que cuando Toots avanza con paso firme en su chaqueta de piel tachonada, listo para romper la pista o bajar en silencio a la audiencia mientras Jimmy Cliff empieza a cantar «Many rivers to cross». La intensidad que Marley llevaba a su directo es la única cosa que no estaba tallada a la perfección. Aunque nadie escapa a los estragos del tiempo —ni siquiera los cantantes cuya música ha llegado al alma de millones de personas— aún así Bob Marley es la excepción, ya que ahora es inmortal. Más de treinta años después de su muerte, las señas de identidad que asociamos con él —las rastas, la sonrisa torcida, los porros de marihuana y los colores rasta— se pueden ver por todo el mundo, de Australia a Zambia pasando por todos los países en medio. Es un icono global y con un nivel de importancia cultural que pocos famosos fallecidos pueden alcanzar. De momento no hay película de Hollywood, pero sí multitud de libros y documentales, y su música continúa superando en ventas a otros lanzamientos reggae, incluyendo los de sus hijos y nietos.

Además de dejarnos increíbles canciones, ha llegado a simbolizar valores fundamentales que gente de alrededor del mundo puede identificar, tales como la libertad de la opresión o el fin de la discriminación y la igualdad de derechos y la justicia. Insólitamente, él estaba más preocupado por que ese mensaje llegara más que por la fama o la fortuna; pero el rey del Reggae es ahora una marca, y hay ahora abundancia de productos relacionados con Marley en el mercado que incluyen auriculares, monopatines, deportivas, muñecos de plástico, café, refrescos y productos de marihuana terapéutica. El consumismo ha substituido la veracidad, mientras que el recuerdo de Marley está ahora cubierto de mitología —mucha de ella bienvenida, dado el tremendo impulso que le ha dado al reggae como género, al movimiento rastafari y a Jamaica directamente. Es fascinante ver cómo la persona real se ha vuelto icónica debido a nuestra necesidad colectiva de superhéroes. Algunos afirman que Marley fue un profeta, y señalan cómo las verdades universales inherentes en su música siguen inspirando a gente en cada paso de sus vidas, sea cual sea su edad o nacionalidad. Otros se centran en la rebeldía de sus canciones y lo ven como un revolucionario —el Che Guevara de Jamaica, defensor de los pobres y que nunca tuvo miedo de defender sus creencias, ya fuera su fe religiosa, la lucha por la liberación africana o la legalización de la marihuana.

Es en contra de este escenario de percepciones cambiantes que se debe ver la novela gráfica de Jim McCarthy y Benito Gallego. Han explorado la mitología que se ha construido alrededor de Bob Marley, pero también han trazado las líneas básicas de su historia real. Eso significa que si las estrechas calles y las casas de planta baja de Trench Town se han transformado en barrios tropicales con casitas «dos habitaciones arriba dos abajo» es porque el artista está dando su propio giro a las cosas. Dirigida por el auténtico uso de dialecto jamaicano de Jim McCarthy, este autor ha sabido crear un escenario inspirado por la historia real pero sin estar limitado por esta. Vivimos en un mundo de post-verdad, y presenciamos la aparición de escritores y artistas que desdibujan las distinciones que en su día fueron incuestionables, y crean un nuevo arte a partir de la destilación de hechos y fantasía. El novelista jamaicano Marlon James lo hizo en su libro *A Brief History of Seven Killings*, en el que re-imagina el intento de asesinato de Bob Marley y sus consecuencias en un extraordinario impacto.

El Marley de la vida real siempre estaba buscando formas de hacer su música más accesible mientras mantenía el control sobre sus asuntos. Tenía su propio estudio de grabación, sello discográfico y plantilla de artistas, y él y The Wailers también publicaban un periódico y presentaban un programa de radio semanal. Utilizaron todos los medios disponibles y las novelas gráficas no habrían sido una excepción si hubieran existido en los setenta. La mayor preocupación de Marley habría sido el contenido y el mensaje implícito ya que todas las novelas son obras de ficción por definición, incluso cuando se adhieren a una trama familiar. Benito Gallego muestra su mejor faceta cuando dibuja a Marley bajo el aura de lo sobrenatural, o rodando bajo una lluvia de balas durante el intento de acabar con su vida. En todas partes, los fans de *The Harder They Come* van a reconocer las escenas de los viajes del joven Marley, de Saint Ann Parish a Kingston en bus, o cuando más tarde hace su primera grabación para Leslie Kong. La película de Perry Henzell tuvo muchísima influencia al llevar Jamaica a la vida de mucha gente, visual y culturalmente. En los últimos cuarenta años ha ayudado a dar forma a una narrativa sobre la música reggae y Jamaica que todavía hoy persiste, para lo bueno y para lo malo. Este libro es el espíritu de la época y refleja una mentalidad popular que abarca todos los mitos y ideales que crearon una leyenda, vistos a través de un prisma de diferencias culturales. Es Marley a través del espejo —una interpretación visualmente dinámica de una superestrella del tercer mundo que pasó de harapos a riquezas y se hizo el Señor, reconocido por todos.

El mayor don de Marley fue el de asegurar que la música reggae continuara floreciendo más allá de la era que la vio nacer. Gracias inicialmente a *Legend* —su primera colección póstuma de éxitos y el álbum con mayores ventas en la historia del reggae— él es el único artista Jamaicano cuya música ha calado al gran público y se ha quedado allí. Apenas queda alguna cadena de radio que no haya puesto «Is this love», «Three little birds» o «One Love», canciones que atraen al mayor público posible, tanto musical como líricamente. Gracias a canciones como estas, el sinuoso estilo rítmico de reggae que introdujo al mundo es ahora omnipresente, y también plantó la semilla en nuestras mentes de que el reggae no solo es un estilo de música, sino un estilo de vida —uno que consagra valores que no se limitan a los rastafaris, sino que todos podemos creer en ellos.

En la vida real, Marley fue muchísimo más allá de la filosofía relajada de un único amor que se escucha en los discos arriba mencionados. Una vez se gastó 250.000 dólares de su propio bolsillo en llevar a todo el grupo y todo el material a Zimbabwe para que pudieran tocar en las celebraciones de la independencia del país. Marley no solo tenía afinidad con el movimiento africano de liberación —tomó un papel activo y realmente hizo contribuciones significativas. Él y Peter Tosh no tuvieron miedo en alzarse por lo que creían, que es una rara cualidad en cantantes de todos los géneros y de cualquier época. Cuando Marley actuó en el concierto Smile Jamaica de 1976, solo dos días después de que le dispararan (un evento memorablemente ilustrado aquí) él estaba animando a la gente de Jamaica a no tener miedo, incluso de los atacantes asesinos. Fue esta resistencia honesta, pulida por años de sufrimiento, que lo separó de todos los cantautores de pelo largo forrados de tela vaquera que entraron en la escena del rock de los setenta con una guitarra en una mano y un canuto en la otra. Si Bob Marley aún importa —y claramente así es, ya que sigue siendo uno de los símbolos más visibles de la esperanza y la libertad— entonces no es completamente debido a su aspecto, o a su habilidad para poner de moda una canción. Es porque se preocupó por la humanidad y escribió canciones que pretendían influir nuestros pensamientos sobre la guerra, la pobreza, la avaricia y la injusticia, así como el medio ambiente y lo que comemos. Es por eso que la historia de Bob Marley —que ahora está felizmente disponible en forma de novela gráfica— continúa inspirando, mucho después de que el hombre dejara su forma mortal y adoptara otras muchas.

John Masouri
Autor de *Steppin' Razor: The Story of Peter Tosh*

... y un hombre muerto...

... quizá es un duppy*...

Tengo frío aquí... brrrrrrr...

* fantasma

... un fantasma de los malos...

Vuelta a casa con mi madre…

El viento es agradable y mueve los árboles

¿Qué pasa, tíoooo?

Rescatado por Jah Rastafari...

... Iba a conocer más profundamente a Rastaman más tarde...

¿Lo ha visto? Usted es el hombre —todos los niños dicen que es el hombre del corazón negro. ¿Usted? ¿Es usted un mal hombre?

No, chico, yo soy un honrado rastafari. Tengo el poder de pisotear los escorpiones, arañas y serpientes en los alrededores, a través de una mayor y afectuosa divinidad. Te llevaré de vuelta al patio* ahora, chico...

* de vuelta a casa

Sí, señor —el verdaderamente honrado heredará la tierra y todo lo que haya en ella.

Era hora de dejar la Nine Mile por la gran ciudad de Kingston. Mi madre y yo cogeremos nuestras cosas y empezaremos el viaje en bus hacia allí. El bus llegará pronto...

... un viaje en bus a una vida algo más increíble...

¡Subid ya! ¡Kingstoooon prepárate!

¿Qué pasa con el pickney,* tío?

Cuidado con los niños, ¡por Dios!

... hay montones de blood-claat** baches en la carretera, me voy a aplastar delante, chico.

... conduce con cuidado, ¡has bebido demasiado!

Jesús, ¿estoy muerto ya?

Tranquilo, Sr conductor nukh***

* niño
** paño ensangrentado[1]
*** insulto

1 N de la T: eufemismo para «malditos»

En cuanto el bus entra en Kingston, vemos un tipo diferente de baccra massa*…

…¿qué coño pasa? No puede ser tan difícil cambiar una rueda, ¿no?

* negrero blanco

De nuevo el massa está sometiendo a sus esclavos…

¡Joder! Muévete un poco, tío.

…y el esclavo no está muy contento…

…maldita bloodclaat fuckries* inglesa…

* locura / injusticia

... con la espléndida propina, nadie está contento en absoluto. Toda la bilis reforzada por el colonialismo sale a la superficie...

Aquí tienes, colega. Buen trabajo, finalmente.

... maldito *almshouse* *bloodclaat*. El último gran derrochador —¡maldito idiota!

* gente pobre que se da aires de grandeza

Aaayy mamá, es taaan divertido: el señor inglés se da taaantos aires... pero la propina que le dio es puramente estilo almshouse...

Nos mudamos a una casita de dos pisos en Trenchtown, en la capital Kingston...

Nesta, ten cuidado ahí fuera hoy, hijo...

En las calles de Trenchtown...

Hola irie*, ¿qué pasa contigo?

Hola joven, ¿whayya gwan, man?*

* buenos deseos / todo bien
** ¿qué está pasando?

... nace una semilla del sudor de la espalda de un hombre...

Todo es veneno para mis hermanos en los sacos —hechos a cambio de partirnos la espalda, tío...

En los campos de caña el hombre se parte la espalda…

CHOP!

CHOP!

CHOP!!

… para producir un veneno cancerígeno, tan adictivo como los otros polvos blancos, la cocaína o la heroína…

Todos los dientes mellados, todos destruidos por el *fuckries** paquete de azúcar…

* injusto

… pero yo voy a seguir con mi comida *ital** y bebida….

No, hombre *massa*, alimentación *ital* para nosotros. No nos vas a envenenar con tu mierda demoníaca…

* natural / saludable

... y dejar esta mierda cancerígena procesada en paz.

Uno haff fe* crecer rápido en Kingston...

Chaaaaaaa** tío, eres un *bloodclaat* por la forma en la que caminas tieso...

Eres una nenaza, *bumbo claat.****

* tiene que
** ruido que indica fastidio
*** papel higiénico

... o no va a crecer en absoluto...

Bueno, malotes, tengo una cura para vuestras bocazas...

... mientras que los que son como nosotros viven en casas de protección oficial en Trenchtown...

pues así es como vivimos aquí...

... pero tenemos nuestra música tíooo, es la única cosa que realmente podemos decir que tenemos. Primero tuvimos nuestra música *mento*...

♪ *Drinking rum and Coca-Cola,*

down Point Kumana... ♪

que se convirtió en ska y bluebeat...

♪ *I'm gonna wear you*

to the ball tonight... ♪

... y se transformó en el reggae y en el jeggae...*

The president mash up the resident —e-ahhh, e-ahh...

* reggae en tu corazón

... y la música tenía sus raíces en el desarrollo de la cultura rasta también.

Arise roots man... black man time... the pressure is comin' on...

Haile Selassie vino y se fue, pero Trenchtown seguía allí...

Yo a cuss alla dem people* ahora soy de Kingston, y no sufro por los jegge...**

*maldigo a toda esa gente
**locos

...Y yo también me quedo. Hoy quiero que alguna chica guapa me dé su *pum-pum** caliente...

Tú estás muy bien, hermana, y veo que estamos en la misma onda.∴

Tienes razón, sabes...

* genitales femeninos

Yo y mi *stucky** vamos a descubrir nuevos sonidos en el *jump-up***...

¿Estás lista para la acción?

* novia
** fiesta *sound system*

La *sound system* de Sir Coxson Dodd nos proporcionaba grandes, grandes sonidos reggae para escuchar...

... y muchos más *jump-ups* iban a llegar cerca, con Duke Reid también...

Ali ba ba ri ba, inna boom shacka lacka sah...

... y otro productor, Leslie Kong, se preparaba para grabar conmigo...

Oye Nesta Bob, este es Lesli Kong, tío, ha grabado con un montón de gente aquí...

... bueno, esto es mi primer intento. A Kong le gustó mi voz y mi canción...

... y conseguí sacar dos canciones...

Do you still love me...?

Leslie Kong va a intentar regatear...

Te doy veinte libras por las dos canciones y los acetatos, tío.

Chaaaaa, tío, ¿y si es un disco de éxito?

Así que firmo el *bloodclaat** trato…

Vamos, tío, ¡firma ya o no hay trato *to rass claat!**

* palabrotas

… y vuelvo a estar en la calle.

¿Qué voy a hacer con esto? Ni siquiera tengo tocadiscos.

1961. Las cosas se estaban calentando políticamente en Jamaica. El *JLP** y el *PNP*** peleaban por la membresía a la *West Indian Federation*, que podía llevar a la independencia —¡sí!

* Partido jamaicano de los trabajadores
** Partido nacionalista de la gente

The Wailers entonces empezaron a trabajar con Lee «Scratch» Perry, también conocido como The King. Pero primero le robamos su grupo The Upsetters...

Él, Perry, no paga lo que debe de la gira inglesa, con el sencillo «Return of Django» que llegó al top 10 de Reino Unido.

Escucha tío, ve y apoya a los Wailers, y te conseguiremos más dinero...

...y Perry no muy contento...

Vamos, Lee, podemos solucionarlo...

A parte de estos temas terrenales, Rita y yo tuvimos que vérnoslas con algunos temas no terrenales…

…Rita y yo tuvimos que lidiar con un tema de un *duppy*…

Tengo pesadillas, como que el *duppy* intenta entrar en mi cuerpo y robarme la shedda.*

* sombra

Rita no estaba del todo de acuerdo…

Bob, yo no creo en todo este tema del *duppy*, tío.

… con mis experiencias…

Bueno, siento que ese *duppy* intenta invadirme… Y quizá necesito al *myal-man** para que me salve…

* forma benigna de magia

* brujería

Conocí a Rita y me casé con ella el 11 de febrero de 1966... y nos declararon marido y mujer.

Ese febrero de 1966 me fui a Wilmington, Delaware, en Estados Unidos para quedarme con mi madre…

Solo tenía veintiún años cuando yo y Alpharita nos casamos, y me fui a Estados Unidos dos días después…

Rita echaba de menos muchísimo a Bob. La noche que él se fue, ella estaba grabando «I've been lonely so long» en Studio One, con Peter Tosh, Bunny Livingston y su primo Dream.

Me reuní con Cedella de nuevo, me recogió en el aeropuerto y condujo los sesenta quilómetros a Wilmington…

Cedella, estoy muy feliz madre, soy realmente famoso en Kingston, ¿sabes? Mamá, si vieras a Rita, ella también es muy feliz.

Antes de trabajar toco, y después del trabajo continúo escribiendo nuevas canciones…

Te escribo Rita, y te ruego que vayas por ti misma a ver a Su Majestad Haile Selassie I cuando llegue al aeropuerto de Kingston…

Las diez mil personas que fueron a ver en Kingston a Su Divinidad y Su Alteza Real Haile Selassie cuando vino a visitar Jamaica el 21 de abril de 1966 hacían otro tipo de música…

Diez mil jamaicanos que habían esperado a su profeta…

He aquí el cordero de Dios…

Alabado sea el Señor…

¡El Todopoderoso!

Las nubes se fueron, la lluvia paró, el sol salió y también lo hizo Selassie —por un rato, por lo menos…

… pero las puertas del avión se cierran de nuevo. Selassie no esperaba tan intenso recibimiento de la multitud reunida…

... tuvo que ser un *seer** rasta, Mortimo Planno, el que los calmara...

Hermanos, tranquilizaros, por favor, para que Su Alteza Real Haile Selassie pueda salir.

* profeta

... y así fue, así que Haile Selassie salió de nuevo hacia su pueblo adoptivo...

Seguí los razonamientos de Bob y vine al aeropuerto por la gran visita de Selassie...

¿Había una uña en la mano de Selassie? Como dicen las escrituras: lo reconocerás por la marca de uña en sus manos...

Estoy moviéndome de un pensamiento cristiano a reconocer África —a reconocer Rasta. Es lo mismo que el cristianismo pero con más libertad.

Recuerdo cuando empezamos a salir en 1961... En aquel tiempo conocimos a un *spar** que nos ayudó a nosotros y a dar forma a The Wailers —Sr Joe Higgs....

La vida es demasiado corta para *sufferations*** estúpidos...

* amigo / aliado
** sufrimientos

... y yo iba a conocer a un hombre que sería uno de mis mejores hermanos: Sr Peter McIntosh....

Somos Peter Tosh ahora, señor —¡soy lo mejor y lo peor!

... y reintroduje a mi viejo amigo de Nine Mile, Sr Bunny Livingston.

También teníamos un par de chicas para los coros: Beverley Kelso y Cherry Green.

5 de agosto de 1961, Jamaica se proclama independiente.

Coxsone Dodd, con su sistema de sonido, también construyó un estudio de grabación y quería que firmáramos un trato con él...

Simmer down, for the battle will be hotter...

...y que The Skatalites nos respaldaran, con algunos de los mejores hermanos musicales jamaicanos, como Ernest Ranglin a la guitarra. Así fuimos ganando nuestra independencia también...

...CA-CHIKKA, CA-CHIKKA, CA-CHIK, CA-CHIKK...

Nosotros, bajo la tutela de Dodd, empezamos a trabajar en nuestra música, con una pequeña canción llamada «Simmer Down»...

Siiiimmer down an' control your temper...

...y Dodd también tuvo que conseguir que los malos también se calmaran...

Vamos, ¡joder! ¡back weh!*

* Idos

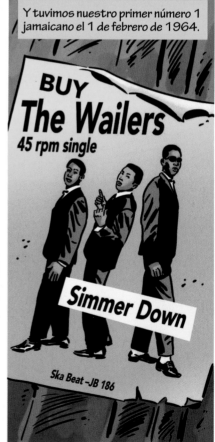

Y tuvimos nuestro primer número 1 jamaicano el 1 de febrero de 1964.

BUY
The Wailers
45 rpm single

Simmer Down

Ska Beat -JB 186

Dimos un concierto genial en el Ward Theater esas navidades...

Woe iz meh, shame and scandal in de family...

... pero la gente y la policía se enfrentaron para entrar a los conciertos...

... chhhhhaa tío, déjanos entrar...

Maldito policía, ¡sal de ahí!

Bluudclaat tío, ¡queremos entrar!

The Daily Gleaner.

Ska rots the inhibitions of our young, like rum and fermented bananas.

Edward Seaga intentaba que la música ska fuera la mayor exportación jamaicana desde el ron y los plátanos, pero no todos en casa estaban contentos...

The Skatelites lo lograban, tío, pero no todo era tan prometedor. Don Drummond estaba en la cárcel, ¿sabes?

Hizo que la gente desconfiara de los Skatalites y se separaron, tío, fue algo muy duro...

Rusden Road 9, Kingston.

Los vecinos oyeron algún tipo de intercambio.

Bueno, escuché como ella intentaba entrar en el apartamento de él...

En la zona de Ghost Town vivía ese tío imprescindible, Mortimer Planner —lo llamábamos Planno

Los rastas encabezarán los razonamientos pronto... La profecía se cumplirá, como está escrito en el Libro de las Revelaciones...

Fue uno de los primeros hombres rasta de hierbas y fundó la Iglesia Ortodoxa Etíope en Jamaica...

... también promovió el primer Grounation* jamaicano.

Aquí me fumo el cáliz de la hierba de la sabiduría...

* día sagrado rastafari

Era un caluroso verano de 1966... Rita voló a Delaware para ver a Bob —él se estaba dejando crecer el pelo afro...

Bob, la visita de Haile Selassie fue de gran importancia...

Veo que Rita está cambiando… Cuando vuelva a Jamaica en noviembre de 1966, Rita y yo realmente uniremos fuerzas…

De vuelta a Jamaica, era momento de dar nuevos pasos…

Puedes aprender muchísimo de los hermanos que han sufrido, Bob. Sirve a Rastafari, Bob, sirve a Rastafari…

Mortimo me enseñó muchas cosas… Muchos razonamientos sobre la Corona de Inglaterra, la relación de la Iglesia de Roma y la Iglesia de Inglaterra también —el misterio detrás de todo eso…

Me dejo crecer el pelo tupido para que después se cierre en mechones…

Mientras, Peter Tosh y Bunny Livington trabajan en poner a punto sus habilidades…

YOU BETTER WALK AND DON' LOOK BACK…

La chabola en el 18a de Grenwich Park Road. Se hizo el hogar de Wail'n Soul'm, el nuevo sello que Bob y Rita habían dedicado a la música de Rita y The Wailers.

Hubo muchos cambios. Sacamos nuestro primer single con Wail'n Soul'm a finales de 1966... Lo grabamos en Studio One...

BEEEND DOWN LOW, LET MI' TELL' YOU WHAT I' KNOW...

La estrella superventas Johnny Nash de Estados Unidos estaba explorando la escena reggae de Kingston...

Este tal Bob tiene muy buenas canciones... le voy a contar todo sobre él a Danny Sims, mi manager...

Después de su gran éxito en Estados Unidos con «Cupid», Johnny Nash estaba impresionado por cómo cantaba y componía Bob y vio su potencial...

Nash fue a hablar con Mortimo Planner, Danny Sims estaba allí también. Se llegó a un acuerdo para lanzar a Bob como compositor y cantante con su propio estilo…

Viajamos a casa de Sims en Russel Heights para discutir cosas de nuestro sello, Wail'n Soul'm…

The Wailers acabaron haciendo doscientas once canciones para Nash y Danny Sims, y por aquel entonces Bob recibió una llamada de un amigo hablándole de Chris Blackwell, que también preguntaba por Bob. ¿Quién era…?

Con buenos royalties sobre las canciones de Peter y Rita también… Bunny no estaba con nosotros en ese momento, estaba en la cárcel por falsos cargos…

Como ya dije, mis hermanos Wailers también estaban pasándolo mal…

… pero me estás tendiendo una trampa, yo no tengo nada de hierba…

… especialmente Bunny Wailer, que acabó entre rejas…

… y también Bunny tuvo que hacer trabajos forzados cortando cañas…

Mortimo estaba atosigando a Bob y le lanzaba todo tipo de amenazas sobre el negocio y demás…

Bob volvió a Nine Mile en Saint Ann Parish para tomar perspectiva…

A Peter Tosh no le gustaba Nine Mile… Necesitaba la ciudad y sus aparatos y distracciones…

Bob se quedó en Nine Mile por un tiempo, y los hermanos llevaban la tienda de discos. Pero Bob iba a volver a Kingston pronto…

Estábamos grabando y haciendo discos pero era mucho trabajo, to rass…

Teníamos a otro hijo en camino… Lo llamamos Ziggy después de llamar a la primera Cedella…

Estábamos haciendo algo muy fuerte juntos, con la ayuda de Danny Sims estábamos yendo más allá…

La tienda Wail'n Soul'm se trasladó varias veces y se instaló en Orange Street…

Vivir en Trenchtown era duro…

La música estaba cambiando y Bob quería un nuevo tipo de bajo. Había oído a Aston «Family man» Barrett en una canción de The Uniques, quería ese tipo de sonido…

Hola Bob, mi hermano es un buen hombre, toca genial, se llama Carlton y toca la batería superbien…

Le siguió una época intensa con Lee «Scratch» Perry. Él mandó un montó de canciones de los Wailers a Trojan Records en Londres, Inglaterra. Perry está creando mucho *sufferation* con su ska, tenemos que conseguir más dinero con él.

Tío, déjame averiguar cuántos discos se han vendido y calculamos los *royalties*…

En ese momento, a finales de 1972, Bob voló a Londres para hablar de los detalles con Danny Sims y el trato con Johnny Nash…

Nos mudamos a Richmond Gardens en el centro de Londres…

STIR IT UP, LIIITTLE DARLING, STIR IT UP…

Johnny Nash tuvo muchísimo éxito con mi canción «Stir it up» —número 12 en EEUU y 13 en Reino Unido, tío…

Tengo que decir que Johnny Nash le dio un verdadero empujón a mi música… Me hizo grande en el negocio de la música…

Danny Sims nos manda billetes para salir de Jamaica y llevar músicos a Londres. La idea es que teloneemos a Johnny Nash en su gira por Inglaterra…

Vinieron Peter, Bunny, Family Man, Carlton Barret y tres de The Cimarons, un grupo jamaicano…

REGGAE IS ON BROADWAY…

Danny Sims nos consiguió horas de estudio en los CBS Studios de Londres. Nuestro estado artístico. Grabamos los que serían nuestros clásicos: «Slave driver», Concrete Jungle», y más…

CATCH A FIRE, YOU GONNA GET BURNED…

... Vivíamos en un pueblo de Londres y logramos que nos pillaran bajo la sospecha de contrabando de hierba... nos llevaron a la policía y nos retuvieron allí... nos arrestaron en Neasden, alguien había mandado hierba a nuestra dirección desde Jamaica en paquetes del *Daily Gleaner*...

Me empezaron a llamar Tuff Gong entonces... Tengo que llegar aún más lejos...

... o mi carrera no va a ninguna parte. Tengo que hablar con Chris Blackwell de Island Records...

La película y banda sonora de *The Harder They Come* empezó a abrir el mercado y el rollo reggae con fuerza...

... los blancos empezaron a ver el reggae con una nueva luz —algo completamente nuevo, tío...

Chris está con Rastaman... Después de vivir en Jamaica, conoce y respeta y ama a los rastafaris...

Pronto llega el paso decisivo: me presentan a Chris Blackwell, director de Island Records...

Tú eres el que va a producir mi primer disco, tío...

...y me contó sobre sus inicios en la industria musical...

Bueno, primero fui a Jamaica y registré «My Boy Lollipop» de Millie aquí en Reino Unido, en Fontana Records...

...y de cómo vendía discos del maletero de su furgo...

Blackwell y yo empezamos a tratar, y él ya habían tenido contacto con algunos locksman...*

... pues sí, mis amigos y yo tuvimos problemas en un arrecife costero...

* que lleva rastas / rastafari

Después de que su barco golpeado por un arrecife de coral tuviera un accidente, tío, él y sus amigos tuvieron que nadar hasta la playa...

Necesitamos ayuda, me toca a mí ahora, voy...

... y Blackwell caminó por la playa desierta, o eso pensaba...

... pero se encontró una cabaña de pesca rasta...

Parece que tienes problemas, tío, y necesitas dormir. Usa ese camastro y descansa...

Después de dormir, resultó que estaba con un montón de rastas...

Hey tío, coge algo de chad* y come, te llevaremos de vuelta a Port Royal, tío...

* comida

y la *myal-woman** le dio un consejo muy claro...

... Te veo quedándote en el negocio de la música... Es tu camino, ¡no lo dejes, tío!

* magia benigna no dañina

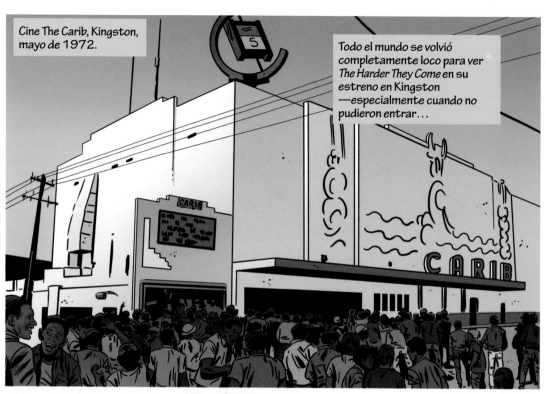

Cine The Carib, Kingston, mayo de 1972.

Todo el mundo se volvió completamente loco para ver *The Harder They Come* en su estreno en Kingston —especialmente cuando no pudieron entrar…

…pero cuando se estrenó en Londres —*chaaaaa*— allí había apenas cuatro gatos…

…pero el reggae iba a triunfar…

Había puesto mi propio dinero en *The Harder They Come* y estaba claro que iba a abrir las puertas al atractivo comercial del reggae. El reggae podía realmente ampliar su mercado…

Estaba buscando un estilo musical rebelde, de las calles —y, ¿a quién veía si no a Bob?

Esto es lo que os puedo ofrecer ahora: os doy cuatro mil libras por adelantado —volvéis a Jamaica y grabáis un disco, entregáis las cintas… y hay cuatro mil libras más cuando entreguéis las cintas…

… todo el mundo me dijo que nunca vería ese dinero…

Chris compra el contrato de Danny Sims y CBS Records, y se lleva un porcentaje del disco.

Empezamos en la esquina de First Street y West Road...

... volvimos a casa y empezamos a grabar el disco, pero había confusión con nuestro disco y con Lee Perry...

Blackwell vino a Kingston, escuchó lo que estábamos haciendo —y había un contrato en la mesa. Lo íbamos a llamar *Catch A Fire* por sugerencia de Chris.

El disco era bueno, tío, y Blackwell nos llevó de nuevo a Londres y le añadió todo tipo de arreglos. Al principio, los ingleses y los americanos no le pillaban el rollo, ¿sabes?

INSTEAD A CONCRETE JUNGLE... JUNGLE... WHERE THE LIVING IS HARDEST...

CHIKKA, CHIKKA, CHIKK, CHIKKA, CHIKKA, CHIK...

Así que llegó el momento de firmar con Island Records y Chris Blackwell, y lanzar *Catch a Fire*...

Todo salió redondo... Hasta el trabajo artístico era especial...

The Wailers
Catch A Fire

Precioso, tío, igual que yo me enciendo los canutos...

Grabamos la primera mezcla en Jamaica y luego la refinamos en Londres, en Island Basing Street...

Oye Wayne, ¿puedes tocar la melodía de la guitarra principal en toda la canción...?

CONCRETE JUNGLE, JUNGLE. NO CHAINS ON MY FEET, BUT I'M NOT FREE...

Con *Catch A Fire* el reggae fue reintroducido y reavivado al mundo —nos globalizamos, tío…

Cuando Chris Blackwell nos puso la mezcla final, a todos nos gustó… Nos avisaron del lado económico de las cosas —esperábamos no haber saltado a otro fuego…

Allí en Strawberry Hill, en Blue Mountains, todo el trabajo estaba terminado… Tenía sentido, todo el montaje —todos los arreglos sonaban realmente bien…

Studio 2, Notting Hill Gate.

Había tensiones en el grupo, pero al principio las capeamos...

GET UP! STAND UP....!

... lo superamos casi todo, y grabamos Burnin', nuestro segundo disco para Island...

... stand up for your rights...

Había canciones muy fuertes, de Bunny, de Peter y una de Bob que sonaba muy grande...

I shot the sheriff...

Max's Kansas City en Park Avenue South, Nueva York.

Entonces empezamos en América, y creamos una legión de seguidores desde cero...

Tocamos con un chico nuevo llamado Bruce Springsteen...

Arriba en Max's Kansas City

Del 18 al 23 de julio

BRUCE SPRINGSTEEN y THE WAILERS
(primera actuación en NY)

Tickets a la venta en Max's

213 Park Ave. South con 17th St. Para reservas: 777-7870

max's kansas city

Peter Tosh estaba demasiado colocado. Veía vampiros por todas partes...

Peter estaba muy disgustado, sentía mucha presión. Los problemas con la policía no ayudaron...

Salió *Burnin'* y hicimos más conciertos por Estados Unidos...

BURNIN' The Wailers

Tocamos de nuevo en Inglaterra... Fue horrible, tío, en el norte de Inglaterra...

Peter se estaba volviendo loco, y estaba de camino en una furgo de regreso desde Leeds...

Me fastidia mucho *blood-claaatt*... Me pone realmente enfermo, tío...

Peter y otros estaban creando muchas tensiones en el ambiente en ese momento...

...Bunny y Peter creían que no tenían bastantes canciones en el disco.

Bob volvió a Jamaica por un tiempo, para recapacitar y recargarse...

I remember when we use to dance, inna government yard in Trenchtown...

Pero *Burnin'* tenía muchos buenos temas, tío… «*I shot the Sheriff*» era uno…

… Eric Clapton hizo una versión, lo que nos llevó a un mucho mayor público internacional…

♪ I shot the sheriff, but I did not shoot no deputy… ♪

Y se la enseñó a algunos de sus amigos famosos, uno era Carlos Santana…

Carlos, mira los acordes de esta canción de Bob Marley. Es genial, tío…

Gracias, hermano, es una canción con mucha alma, tío…

Mi otro hermano en The Wailers, Peter Tosh, estaba sufriendo su propia lucha...

Jardines Cockburn, Solitaire Road.

KNOKK!
Knokk!
KNOKK!
Knokk!

...y siendo maltratado por la policía, el origen de toda la mierda...

¡Toma esto, tío! Fumando toda esa mierda de hierba delante de nosotros...

¡UNNGGHHHHHH!

Hospital público de Kingston, North Street.

...y más allá, rechazan darle tratamiento médico...

Ayudadme, estoy mal, me han dado una paliza, tío, mis costillas...

Yo enseñé a los otros Wailers a tocar la guitarra y demás, y miradme ahora…

… dando ejemplo al gueto. Los policías pueden joder a cualquiera, incluso a los Wailers, ¡a cualquiera!

Estaba escribiendo una canción llamada «Mark of the Beast» y cómo se hace realidad, pero entonces me pegó la policía y presentaron cargos por marihuana…

… tú te crees? ¿Hierba? ¿verduras? Somos las víctimas de las circunstancias rass claat: victimización, colonialismo… Hay que liderar un baño de sangre por aquí…

Sin tratamiento médico…

Cuando esté bien sacaré una canción justa llamada «Legalize it» —un mensaje para los cerdos policías… No me van a parar.

The Wailers empezaron a hacer giras internacionales. Telonearon a Bruce Springsteen y a otro tío llamado Sly and the Family Stone en el Las Vegas Ice Rink, en octubre de 1973.

Hiiigherr, higher, I wanna take you hiiiiiiiguer...

Creamos gran revuelo con esta gira, con resultados inesperados...

¡Dios mío! ¿Qué clase de gente son esos? Parecen paletos de pueblo negros, colega...

El resultado principal fue que nos echaron de la gira después de la primera fecha.

Que salgan ya del escenario estos hijos de puta, tío. ¡Este es su primer y último bolo con Sly Stone! ¡joder!

De vuelta a la isla conocimos a Don Taylor, un hermano jamaicano que estaba promocionando una de las grandes estrellas de soul estadounidense: Marvin Gaye, que empezaba su gira con un concierto en Jamaica…

Tengo que decir que machacamos un poco a Marvin, acabábamos de volver a los escenarios y teníamos que organizarnos pronto.

El año se estaba calentando. Eric Clapton lo estaba petando con «I shot the Sheriff»…

En Kingston, tuve que pillar a los chicos e irnos por las radios para pedirles que pusieran nuestra música…

…aunque empiezo a ser conocido internacionalmente, para muchos en la pequeña isla sigo siendo un sucio rasta…

Necesitaba más apoyo del que tenía para la siguiente etapa. Don Taylor había dado un paso adelante y ahora tenía un manager fuerte, pero las cosas se terminaban con Peter y Bunny.

Todo empezó a acelerar, tío —la violencia en los guetos, en Jamaica, los *politricks** y la brutalidad policial...

* los políticos tramposos

... y la *cocaína inundó todo Kingston, to rass claat...*

... y las pistolas, tío, pistolas por todas partes, con una bala Mark 7 especialmente para ti.

Pronto íbamos a hacer otro disco genial, *Natty Dread*, y Don Taylor empezó a trabajar en serio para nosotros...

Voy a renegociar vuestro contrato con Island y llevarlo al siguiente nivel, Bob...

Entonces el mundo me conoció, por una de sus canciones más amadas...

♪ No woman, no cry. No woman, no cry...

... pero yo sí podía llorar, al mirar a mi otra mujer, Cindy Breakspeare...

♪ ... but if you love me, woman, walk right in... I've got a notch for your safety-pin...

1 56 de Hope Road, Nine Mile, Kingston.

Peter quería hacer lo suyo, y a Bunny no le gustaba volar sin paracaídas. Había que tomárselo todo más en serio. Así que seguimos adelante con Natty Dread…

Teníamos nuestra comida *ital*, nuestros zumos naturales en el estudio. The Tuff Gong y los hermanos tenían que mantener el buen rollo

Ensayamos para llegar al fondo y bien: primero los ritmos tienen que ser firmes en las bases…

… y teníamos a las I Threes para endulzar y mejorar las voces, tío, y para reforzar los coros y los ganchos.

En 1974 llegó la grabación de *Natty Dread*.

Primero en Jamaica y después en Londres —más trabajo con Chris Blackwell…

Conocí a Al Anderson, un guitarrista americano, tocó en «No Woman, No Cry» y otras canciones del disco…

El grupo se empezó a estabilizar, con Judy Mowatt, Marcia Griffiths y Rita como mis respaldos, las I Threes. En aquel entonces, yo y Al Anderson hicimos otra grabación genial con Martha Velez en el estudio de Harry J en Kingston.

Haile Selassie I murió en Etiopia el 27 de agosto de 1975. Tenía ochenta y tres años. ¿Murió Dios...?

¿Era solamente un hombre? Conmocionó profundamente a muchos, pero Bob prosiguió. Grabó «Jah Live»...

...y Lee Perry produjo más temas para *Rastaman Vibration*.

Las cosas no iban bien con Peter Tosh aún...

Bueno Bob, ahora él trabaja exclusivamente con Chris Whiteworst en Island Records, Reino Unido. Mi disco *Legalize it* no logra difusión, pero estoy aquí para hablar del tema, tío...

Después del lanzamiento de *Rastaman Vibration*, nos dirigíamos al público más internacional, éramos cada vez más grandes en Estados Unidos…

Alabado sea Jah Rastafari —alabad y agradeced a Jah…

En Jamaica nos propusieron dar un gran concierto en casa…

… el gobierno estaba involucrado, y luego Michael Manley decidió hacer unas elecciones rápidas el 15 de diciembre…

Había muchas corrientes políticas alrededor del concierto, con Claudie Massop de JLP…

… con todo el PNP y el JLP, y mucha violencia de pandilleros y trucos sucios por ahí, en Kingston.

Estudio de grabación Black Ark, Jamaica.

Chris, ¡tííiiio! Creo que esto suena mejor con la voz de Bob Marley encima…

Chris Blackwell, jefe de Island Records, está de camino a Hope Road, donde se aloja Bob. Va a visitar a un genio de las cintas de cuatro pistas: Lee «Scratch» Perry…

Scratch, creo que la tuya es LA versión…

… un hombre que hace música de las mentes…

Quiero que Gong ponga las voces a esta…

No, no puedes mejorar tu propia versión, esta es genial. Grábamela y me la llevo…

Eres un hombre honrado —esta podría ser la definitiva, ¡señooor!

Poco sabía Blackwell que su retraso en el estudio Black Ark le evitaría un entorno más peligroso…

Los guardias de PNP de Michael Manley iban a poner un puesto de observación y un vigilante en el 56 de Hope Road, la residencia en Kingston de Bob…

Bob y Don Taylor vuelven a Hope Road…

Más tarde esa noche, los de PNP dejaron sus puestos…

Pasara lo que pasara, Jamaica vivía un estado de calma latente —social y políticamente...

La gente tenía todo tipo de premoniciones sobre el próximo concierto...

Me siento insegura e intranquila, Bob. Queremos irnos y volver a nuestro patio por un tiempo...

En el 56 de Hope Road le pido a Neville Garrick que se lleve a Marcia a casa...

En retrospectiva, todo pasó muy rápido…

Me tomo una pausa, voy a comer algo.

Ocultándose en la noche, Hope Road. Bob Marley, The Wailers y Don Taylor están ensayando y viviendo. 20:45h.

...todo tranquilo...

...pero ocultándose, muchos hombres malos continúan...

TWIIIPPPPP!

Otro punto de vista al mismo tiempo…

* dicen, dicen

Más disparos y empiezan a dar al coche…

BOOOOOWW

Rita se hace la muerta y los atacantes huyen…

Cincuenta y seis rondas de municiones disparadas en total, pero Bob está vivo milagrosamente…

Don Taylor se salvó de una aparente parálisis gracias a una operación —ayudado por Chris Blackwell…

Rita también estuvo brevemente en el hospital —la bala le había lastimado levemente el cráneo —y la gente se escondía…

No sé tío, si este concierto es tan importante, después de todo esto solo quiero continuar…

El 5 de diciembre de 1976, en el parque National Heroes de Kingston, en el concierto Smile Jamaica, ochenta mil personas esperan con ilusión al hombre…

… y Rastafari se burla del hombre con la pistola…

Political violence fill your city —yeeeee-aaaahhh!!

Yo de pie delante de la multitud…

Cuando decidí hacer este concierto, me dijeron que aquí no habría políticos. Yo quería tocar por el amor de mi gente…

Michael Manley había usado el concierto para dar pie a su victoria en las elecciones...

No quiero que me usen para bloodclaat politricks...

A nosotros no nos representa ningún partido político...

Ellos extienden más y más violencia juvenil, usando a Seaga y a los otros hombres...

... especialmente Edward CIA y su mierda autoritaria de JLP...

El dinero es como agua en el mar: algunos lo tienen todo mientras que otros no tienen nada, ¿sabes?

Esta isla está llena de pistolas y facciones en guerra...

Después del concierto, Bob y su séquito se fueron de allí para quedarse en casa de Chris Blackwell en Nassau. Bob no volvería a Jamaica en más de un año...

Después de esto volvimos a Londres para quedarnos en el barrio de Chelsea...

Tío, es mucho más seguro aquí en la dormida Londres...

Fue la época de *Two Sevens Clash*. La escena musical inglesa estaba cambiando... Ellos lo llamaban música «punk»

Después de mudarme a Inglaterra, después del tiroteo, para liberarme del rollo de Trenchtown...

... y para probar la mejor collie* de Reino Unido...

POLICE AND THIEVES DEMMA ROB I AND I WAR INNA BABYLON

* hierba

... porque es sipple out deh*, tíoo...

Chaa tío, me juzgas por los rumores. Solo nos paráis a nosotros, los negros.

* resbaladizo ahí fuera

Otro icono de 1977, Johnny Rotten, está haciendo famoso el rollo reggae...

... seh, mi número tres es «Reason For Living (Bom for a purpose» de Doctor Alimantado...

Por supuesto, Doctor Alimantado era el pavo mejor vestido de la ciudad...

Me atropelló un conductor de bus perturbado.

Me he estado recuperando pero ahora soy el pavo mejor vestido de Londres, ¿sabes?

Invitaron a todo el mundo a la fiesta de punk y reggae...

The Wailers will be there, The Clash, The Slits, The Feelgoods too. We hope it will be hearty, 'cos it's a punky reggae party...

Es 1977 y en Londres es el momento de la música punk.... Las canciones salen de mí como una fuente...

Yo componía nuevas canciones con mi mástil Tyrone Downie. Las canciones estaban saliendo muy bien...

Después de que Al Anderson y Don Kinsey se fueran a tocar con Peter Tosh, necesitábamos un nuevo guitarrista...

Tienes el trabajo, Junior, bienvenido a The Wailers...

GRRUUU WAAAAAHH WAAAAAHHHH!

Dicen que Junior Marvin toca demasiado rockero, como Jimi Hendrix. Yo lo elegí, y él es muy bueno.

Don trabajaba en Acme Atractions, en Kings Road, cerca de nosotros, y estaba muy conectado al mundo musical aquí.

Don Letts se aseguró de que siempre tuviéramos hierba de alta calidad, especialmente esos porros *thai* que nos encantaban...

Bob, yo creo que la movida punk está pasando como si fuera el nuevo reggae, y todo está conectado...

Bob aún tenía reservas sobre la ropa punk.

Don, ¿de qué va esto? ¿Llevas estos ridículos pantalones punk?

¿Y qué pasó con los que tendieron la emboscada a Bob y su séquito en Kingston? Un hombre llamado Frowser fue disparado en Nueva York…

…un tipo duro llamado Tek Life, también conocido como Earl Wadley, fue asesinado en Jamaica de forma salvaje —él ni *buss** en el tiroteo…

* disparar

…otro tío acabó colgado de un árbol en Saint Catherine, una escena tipo Judas.

Cerca del Hotel Hilton en París, en un improvisado campo de fútbol.

Típico partido de fútbol con mis amigos, que en este caso juegan contra un equipo francés. Ellos se hacen llamar Polymuscles…

¡Vamos, Bob! Muévete, tío, ¡pásasela a Gong!

Chaaaa, ¡tío! ¡Vigila tu maldita bota!

ARRRRGGGGGHHHHH, UUUUNGGHHHH…

Una herida ignorada puede tener un profético resultado…

Se me ha roto la maldita uña del pie, to raass…

...y la profecía se cumple...

...con la guerra en Babylon...

...el año 1977 se considera el año en que suceden las cosas del Libro de la Revelación...

...el Cordero de Dios anunciará el Apocalipsis, cuando los siete sellos se abran...

En ese momento, en Jamaica, las Fuerzas de Defensa estaban en alerta máxima. El aviso cultural de *Two Sevens Clash* era un poderoso tipo de presagio…

Ese día, el séptimo día del séptimo mes de julio de 1977, los rastas creían que la profecía se revelaría…

Ese día a las 7 de la tarde Michael Manley celebró la nueva Constitución Jamaicana, pero los rastas habían decidido que él era otro falso profeta.

EXODUS
Movimiento de la gente Jah

A pesar de la lesión en el pie, bailé y lo di todo en el escenario durante la gira europea de 1977...

... pero a veces, después del concierto mi bota estaba llena de sangre...

Esta herida en el pie no se está curando bien...

El médico me dijo que tenía melanoma, cáncer en el pie, y que quizá me lo tendrían que cortar.

Exodus, con su distintiva portada dorada, va muy bien —número 20 en la lista Billboard americana y número 8 en Reino Unido…

Tenemos algunos temas más suaves que sobran de las grabaciones de Exodus, que irán a nuestro siguiente disco, Kaya.

Regreso a la isla agridulce —hecha pedazos por todos los negocios políticos babilonios…

Vuelvo de visita a Jamaica por primera vez desde ese momento. La isla estaba llena de violencia y paranoia… El gobierno de Manley siendo presionado por el gobierno de Estados Unidos…

Una mística natural… flotando en el aire…

… muchos más morirán aquí en Jamaica —un intenso calor en su locura…

… un momento de esplendor.

En Jamaica, la isla estaba inundada de heroína y polvos de cocaína, y también armas baratas —todo desestabilizaba y rompía la economía allí…

Oigo que el gobierno de EEUU está «echándome un ojo», según el Sr Chris Blackwell, que recibe sus llamadas…

La CIA tiene el control de todo tipo de violencia y *politricks*. Aún estoy seguro que la CIA tiene mucho que ver con todo el grupo armado que fue a Hope Road…

Solo en 1978, casi cuatrocientas personas murieron de mala manera en Jamaica, incluyendo los hombres que organizaron el concierto One Love...

Encontraron a los hombres que estaban involucrados en el sucio negocio de Hope Road, y se hicieron cargo de ellos en Gully Road, en Kingston...

BDOWWWW!

También terminó la vida de otros atacantes...

... uno fue Claudie Massop...

... y otro Bucky Marshall, disparado en Brooklyn un par de años después.

Nace otro hijo, lo llamamos Damian. La madre del bebé es Cindy Breakspeare...

Todo hombre tiene que volver a sus raíces... Hago un pequeño viaje a Etiopía. Solo me llevo a un hermano de Kingston conmigo, se llama Lips...

Oigo una nueva canción, tío... Siento que se llama «Zimbabwe»...

La gente que no tiene conocimiento de su historia, su origen o su cultura es como un árbol sin raíces —eso dice Marcus Garvey...

Crecemos y crecemos...
Tocamos en el Apollo Theater de
Harlem, en Nueva York...

Es un honor tocar aquí,
donde tantos pies han
pisado estas tablas.

Me encanta escuchar lo que dicen...

De vuelta a Hope Road, Bob era como el redentor de todos ellos...

Bob, él tenía argumentos para toda la gente local de Hope Road, tío. Él se tomó su tiempo y devolvió el esfuerzo a su gente...

...y Bob siempre escribe nuevas canciones...

We'll fight dis little struggle...

De hecho, parecía que Bob trascendía todas las nimiedades a su alrededor…

Bob… Bob… Bob… Bob… Bob… Bob… Bob… Bob…

Muchas veces Bob no decía nada, tío —se guardaba sus consejos para sí mismo…

Todo el mundo quiere cosas más grandes para nosotros…. Yo tengo que intentar separar las ideas locas de la verdad de Jah…

… no, tío, no quiero tomar ese polvo blanco… No quiero cocaína ni similares, tío…

Más corrupción acechaba Jamaica, con toda la heroína y cocaína lloviendo en los guetos… La gente se moría de hambre sin dinero, así que empezaban a vender esa mierda demoníaca…

… todo por Ronald Reagan y su empeño en limpiar la hierba de la isla… Un auténtico cabeza hueca 666…

EEUU se entromete en los asuntos de Jamaica, y todo empeora, como pasa en cualquier sitio donde los americanos van e interfieren…

Alrededor de Bob siento que aumenta la oscuridad… Estafadores y todo tipo de mala gente, separándolo de sus verdaderos amigos rasta —todo esto gorroneando y colocándose, con maldad y permisividad.

Veo que Peter Tosh continúa con todos sus negocios con los Rolling Stones…

Te voy a matar, tío me debes los royalties, ¡bumbo claat!

¿Me quieres matar, Peter? Vamos, adelante, mátame…

En 1984 las cosas entre Tosh y los Rolling Stones eran complicadas. Peter Tosh viajó para ver una grabación de Mick Jagger en Nueva York después de otro conflicto sobre los royalties…

Peter consigue solucionarlo y recibe un cheque por valor de 100.000 $…

♪ Better walk an' don't look back… ♪

El otro gemelo centelleante, Keith Richards, no estaba tan contento con las payasadas de Peter…

… he oído que has ocupado mi casa, sin invitación, en Ocho Rios, tío, ¡y aún sigues allí! Voy a bajar, y más te vale no estar allí cuando llegue…

Peter le dice una frase fuerte a Keith...

¡Te espero con una ametralladora!

Pues voy a llegar en noventa minutos, espero que tengas balas en la recámara...

Cuando Keith Richards llega, Peter ya se ha ido...

Siempre lo dije, todos estos «hombres fuertes jamaicanos» son unos cobardes...

Pronto Peter tendrá algo peor de lo que ocuparse...

... un viejo amigo vendrá pronto de visita...

Tengo una visión de la muerte y las guerras venideras, de cómo Peter Tosh es asesinado después de que yo me haya ido. A Peter lo molesta un mal tipo, el *higgler** Dennis «Leppo» Lobban, un tío de su pasado en Kingston

* estafador

** sitio para quedarse temporalmente

Dile a Peter cuando venga que necesito más efectivo, tío, yo y mi mujer, para seguir en nuestro *cotch***, tío…

Un tío nunca escapa del gueto de Kingston, incluso si es una estrella —y el hombre vendrá de nuevo de visita…

¿Qué quieres? ¿A quién buscas…?

No hay remedio para un estafador…

Cállate, tío, ¡o te mato!

... o para un asalto con tres armas...

¡Vale! Todos al suelo, boca abajo ¡a la de ya!

La gente paralizada de miedo y rabia...

¿Dónde está el puto dinero...?

... y el hombre exige lo que cree que se le debe...

... esto es tu culpa... Tu *obeah** es responsable... ¡estás muerto hoy!

* mala brujería

Antes de que empiece el infierno…

¿Dónde está el dinero to rass claat…?

…y se oye un sonido familiar en Kingston…

BOOOM!

BOOOOOOOM!

TWUUUP!

SKREEET!

TWUUPP!

…y otro sonido familiar de un hombre huyendo…

SKREEEEEEEEEEEEEEEEEEEEEEEEEE!

…y dentro, todo el trabajo sucio está hecho: Peter Tosh muere con dos personas más, siete personas heridas en total.

Yo sé que me va a llegar la hora pronto...

... y los tiempos han cambiado con mis hermanos rastas...

... y ellos fuman el veneno empolvado blanco...

... pero yo sé que tiene que empeorar antes de mejorar —toda la permisividad en Jamaica ahora mismo...

Mi momento es eterno, y cuando me vaya voy a proyectar una gran sombra...

Este fue mi concierto triunfal en Zimbabwe el 18 de abril de 1980 por el nuevo estado independiente...

Soy una pequeña hacha...

Wooy yoo yoo yoah...

... con el poder de cortar un gran árbol.

Wooy yoo yoo yoah...

Mis sueños y visiones se intensifican mientras me acerco a mis últimos tiempos…

Represento a mis colegas africanos a través de mi música, y grabo *Exodus* como una respuesta a mis hermanos africanos y a mi tiroteo en Jamaica…

Natty Dread in a Zimbabwe…

… como mi predecesor, Marcus Garvey…

Nosotros, los negros, creemos en el Dios de Etiopía, el Dios eterno, Dios de Dioses, Dios del Espíritu Santo, el único. Dios de las edades. Este es el Dios en el que creemos, pero también podemos venerarlo a través de los ojos de Etiopía…

… como el salmo 68: «El príncipe saldrá de Egipto; Etiopía pronto alargará sus manos hacia Dios.»

… y mi propia tristeza actual…

… it's all I ever 'ad, Redemption song…

Entonces volvemos a Nueva York y hacemos una pausa…

… cuando el final del principio empieza a suceder…

La herida de fútbol que tenía, ni la curé ni me amputaron debido a mis creencias rasta. Las cosas empeoraron y ahora tengo cáncer. Entonces me llevan al Hospital Cedars of Lebanon de Miami…

Sr Marley, esto es muy serio…

… y me trasladan al New York's Memorial Sloan Kettering Cancer Center…

Bob, el cáncer ha llegado al cerebro, pulmones y estómago… Lo siento mucho…

Y para los últimos análisis me mandan al controvertido Dr Josef Issels en Alemania en la clínica Rottach-Egern…

Me ponen un nuevo tratamiento…

…podemos hacer que funcione…

El Dr Issels creía que un cuerpo sano no podía desarrollar cáncer…

…y que solo los químicos y la radicación no funcionan…

Yo veía el momento…

…Dios mío… Si es mi hora, Jah…

Mi familia vino a rendirme tributo. Había vivido seis meses más de lo que me dijeron...

Soñé con vosotros anoche, y ahora habéis venido...

...y pude hablar con mis seres queridos...

El dinero no puede comprar tu vida... En el camino de subida, llévame.....y en el camino de bajada, no me falles...

Mis últimas palabras el 11 de mayo de 1981 fueron las más importantes...

...Jesús llévame...

Me llevan de vuelta a mi último lugar para descansar: Jamaica…

Me otorgan la Orden del Mérito Jamaicano el 17 de abril de 1981, y me dedican un concierto el siguiente mes…

Su voz fue un lloro omnipresente en nuestra época electrónica…

… y después me llevaron por los ochenta y ocho kilómetros en una procesión funeraria hasta mis modestos inicios en Nine Mile…

Siempre me gustó la música de Bob Marley. De hecho, «Could you be loved» fue uno de los primeros sencillos que mi hermana compró y trajo a casa, y lo escuchamos docenas de veces. Nos encantaba escucharlo. Pero, siendo honesto, no sabía mucho del hombre y su música.

Cuando me encargaron ilustrar este libro, pasé mucho tiempo investigando todo tipo de referencias visuales y aprendiendo cuanto pude sobre la vida de Bob Marley y su música. Hice algunos estudios preliminares para familiarizarme con los rasgos de Marley y su aspecto físico. Y no solo sobre Bob sino también sobre la gente que tuvo gran importancia en su vida: Rita Marley, Peter Tosh, Bunny Wailer.

Cuando trabajo en las páginas del guion, la primera cosa que hago es una vista en miniatura aproximada, con solo unos trazos de lápiz, para

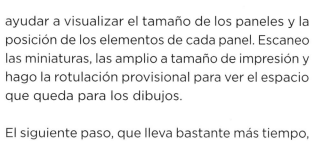

ayudar a visualizar el tamaño de los paneles y la posición de los elementos de cada panel. Escaneo las miniaturas, las amplio a tamaño de impresión y hago la rotulación provisional para ver el espacio que queda para los dibujos.

El siguiente paso, que lleva bastante más tiempo, es encontrar referencias para la gente, los sitios o las cosas (como vehículos o armas) que se describen en el guion. Cuando sé el aspecto de lo que voy a dibujar y cómo se va a posicionar en la página, también teniendo en cuenta el espacio que necesitan los rótulos, hago un esbozo más preciso con lápiz a papel, pero ahora en tamaño de impresión. Escaneo este esbozo, copio y pego las letras que hice para las miniaturas y se lo envío a David Barraclough y Jim McCarthy para que lo aprueben. Cuando tengo la aprobación, hago los dibujos finales digitalmente. Hago los globos, la tinta por encima de las líneas de esbozo y finalmente coloreo la página. Todo esto usando Photoshop y una tableta Wacom. Y casi todo el tiempo con Bob Marley de fondo en el ordenador para ambientarme.

Ha sido un regalo de la vida poder trabajar con Jim y David en este libro maravilloso. Mientras lo hacía, aprendí muchas cosas, no solo a nivel artístico sino también al conocer a un increíble músico, símbolo de la cultura jamaicana y una identidad, una figura significativa en la historia de la humanidad.

No era realmente consciente de cómo de grande era Bob Marley. He descubierto a un pequeño hombre que era un gigante de la vida. Espero que la gente que lea este libro lo descubra también.

Benito Gallego, 2017

JIM McCARTHY

Morgan Heritage es mi bebida musical.

Living for Kicks fue la primera novela gráfica de Jim para Omnibus Press, siguiendo sus exitosas biografías musicales, que han incluido recientemente *Who Are You? The Life and Death of Keith Moon*, *Reckless Lives: The Guns and Roses Graphic* y *Metallica: Nothing Else Matters*. Algunos otros títulos de Jim son *Gabba Gabba Hey: The Ramones Graphic*, *Neverland: The Life And Death of Michael Jackson*, tres colecciones de bolsillo en Bad Company, *Godspeed: The Kurt Cobain Graphic*, *Death Rap: Tupac Shakur*, *Eminem: In My Skin*, *How to Draw Monsters for Kids* y *The Sex Pistols Graphic*.

El primer libro de Jim, *Voices of Latin Rock*, fue publicado por Hal Leonard en Estados Unidos y fue el primer análisis profundo de Santana, la cultura del rock latino y el barrio Mission District de San Francisco, el área donde esta forma de arte musical y político emergió.

Voices of Latin Rock ha resultado en una serie de conciertos en San Francisco que promueven la concienciación con el autismo, y en los que han aparecido Carlos Santana, la banda original de Carlos Santana, Taj Mahal, Malo, Los Lobos, Sheila E, la activista política Dolores Huerta, Azteca, War, Sly Stone, George Clinton y muchos más.

Jim también ha producido arte en cómic e ilustraciones para muchos otros editores, también ha co-creado los personajes de cómic *Bad Company*, *Bix Barton*, *The GrudgeFather*, *Kid Cyborg* para *2000AD*, así como también ha trabajado en *Judge Dredd*.

Sus libros han sido traducidos y publicados en numerosos países extranjeros incluyendo Rusia, Checoslovaquia, España, Noruega, Italia, Polonia, Francia, Croacia, Alemania y Japón.

www.jimmccarthy.co.uk

Benito Gallego nació en Madrid, España, y ha estado dibujando toda su vida. Ha sido durante mucho tiempo un artista colaborador de fanzines españoles de espada y brujería, y publicaciones que incluyen cómics y pin-ups mientras iba a la Escuela de Bellas Artes en Madrid.

Durante muchos años continuó dibujando cómics mientras perseguía una carrera en publicidad y diseño gráfico.

Después de conocer a la leyenda Neal Adams, decidió contactar a Roy Thomas, quien ayudó a Benito a conseguir sus primeros encargos profesionales con las series *Anthem* y *Captain Thunder & Blue Bolt*.

Benito ha trabajado desde entonces con talentos de la talla de Brian Azzarello, Cary Bates, Paul Kupperberg y Sal Buscema, y con grandes editores como DC, Marvel, Upper Deck, Heroic Publishing y A First Salvo.

Benito está actualmente trabajando en APAMA The Undiscovered Animal, una serie creada por Ted Sikora y Milo Miller, publicada por Hero Tomorrow Comics y canadora del premio S.P.A.C.E. 2015 a la mejor novela gráfica.

Benito vive en Alicante, en la costa Este de España, con su mujer y su hija.

Para ver más de su obra visita www.benitogallego.com

Las magníficas ilustraciones de Brian Williamson y el brillante guion de Jim McCarthy capturan toda la esencia y todos los sinsabores de la banda de trash metal más exitosa.

La historia completa de Ramones contada al estilo gráico de Jim McCarthy y Brian Williamson. Desde sus comienzos en Queens y su irrupción en el escenario del mítico club CBGB hasta su disolución.

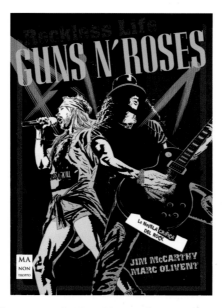

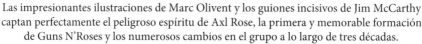

Las impresionantes ilustraciones de Marc Olivent y los guiones incisivos de Jim McCarthy captan perfectamente el peligroso espíritu de Axl Rose, la primera y memorable formación de Guns N'Roses y los numerosos cambios en el grupo a lo largo de tres décadas.